C000089350

REIKI ANIMAL: LE PETIT MANUEL

Olivier Remole

SOMMAIRE

BONUS DE CE LIVRE

Merci d'avoir acheté ce livre.

En complément de votre lecture, *Olivier Remole Editions* vous offre **deux bonus à télécharger gratuitement** sur olivierremole.fr :

Le guide: ***6 conseils pour mieux vivre avec les énergies au quotidien***, par Olivier Remole

La planche des Chakras

Rendez-vous sur
http://olivierremole.fr/bonus

LIMINAIRES

NOTE À L'ATTENTION DU LECTEUR

Le Reiki est une thérapie complémentaire. Les soins Reiki ne remplacement pas le traitement ou les conseils d'un vétérinaire. Ce livre, à ce titre, ne saurait remplacer les conseils d'un vétérinaire.

Une séance de Reiki ne présente aucune contre-indication, n'est pas douloureuse pour l'animal. Le Reiki se pratique d'abord avec soin et compassion.

Le praticien Reiki n'est pas à même de vous conseiller sur les médicaments à utiliser.

Le respect de ces principes permettra à tous de s'épanouir, et au Reiki de conforter humains et animaux dans ses valeurs et son utilité.

Les praticiens ne se considèrent pas comme des vétérinaires et n'essayent pas de diagnostiquer le problème de santé. Les personnes qui donnent des soins Reiki ne sont pas des « guérisseurs » mais des « praticiens ».

À PROPOS DE L'AUTEUR

Je suis Olivier Remole, enseignant-praticien Reiki, des niveaux 1, 2 et 3. Formé à l'école traditionnelle indépendante de Reiki Usui, j'exerce le Reiki à Paris depuis 2005.

Ma pratique du métier et les questions des élèves m'ont conduit à écrire plusieurs livres, pour transmettre et partager les fabuleux pouvoirs du Reiki. Notamment *Le Manuel du Reiki 1er degré*, et *Le Manuel du Reiki 2nd degré*.

Je vous remercie sincèrement d'avoir acheté ce livre. Il ouvre un nouveau chapitre dans mon partage de connaissance. Je souhaite qu'il vous accompagne dans le soin que vous pourrez apporter à votre animal, par vous-même, ou par l'intermédiaire d'un praticien.

Si vous avez des questions, ou souhaitez échanger sur le Reiki, vous pouvez m'écrire à olivier.remole@gmail.com. Je me ferai un plaisir de vous lire et de vous répondre. Mon délai de réponse est parfois de quelques jours, mais je réponds toujours.

Je travaille avec des élèves sur le bassin local, et pratique peu d'initiations à distance. Mais nous pouvons toujours échanger.

INTRODUCTION

Notre corps est fait d'énergie. Celui des animaux aussi. Les soins énergétiques travaillent ces énergies, pour traiter les troubles physiques ou émotionnels. Les thérapies Reiki permettent de « remettre en ordre » nos énergies naturelles, en traitant le corps dans son ensemble.

Le magnétisme animal utilise l'énergie des mains pour repositionner des énergies et des fluides, dans le corps. Il procède de méthodes proches de celles du Reiki, et vise également une amélioration du bien-être.

Le pouvoir du Reiki, et c'est particulièrement vrai chez les animaux est le déclenchement de l'auto-guérison. Une fois les fluides énergétiques débloqués, repositionnés sur de bons rails et équilibrés, le corps peut s'autoguérir.

PARTIE 1

PREMIERS PRINCIPES - LE REIKI POUR LES ANIMAUX

FONDAMENTAUX

Oui, les animaux n'ont pas notre langage. Et pourtant, l'homme peut comprendre les animaux. Si vous avez un animal domestique, ou si vous côtoyez régulièrement des animaux (chevaux...), vous savez bien ce dont il s'agit.

Un chien heureux ou malheureux sait très bien se faire comprendre. L'homme identifie ses sentiments, même sans expérience. Avec expérience et pratique, cette relation peut être encore plus poussée.

L'expérience aidant, et le cœur s'ouvrant, tout un chacun peut comprendre, entendre les animaux et en lire leurs messages.

Beaucoup d'entre vous se posent la question de la différence entre le Reiki animal et le Reiki pour l'homme.

Sachez que l'on utilise les mêmes méthodes. La seule différence qui existe est la façon de communiquer. Avec l'animal, point de parole, le praticien communique avec les gestes, le regard, et les émotions.

Les animaux ont, de manière innée, une attirance naturelle et un amour pour l'homme. Ils sont naturellement attirés par les flux énergétiques, et les travaux sur les énergies. Vous vous en rendrez rapidement compte. En revanche, il est très important de toujours leur demander leur accord, notamment avant des soins ou manipulations.

Le Reiki est une approche holistique qui permet d'aborder l'animal en douceur dans sa globalité, au niveau physique, émotionnel et mental.

Le soin énergétique est idéal pour un animal, car il est doux, ne demande pas d'effort, pas de manipulation et n'est pas douloureux, bien au contraire : il va apporter détente et favoriser la guérison en restaurant l'équilibre énergétique. En somme, le Reiki pour les animaux est non invasif, et naturel.

Les soins Reiki sont particulièrement utilisés sur les animaux, en cas de :

- Trouble du comportement,
- Trouble émotionnel,
- Choc, accident,
- Après une opération, ou même avant,
- Douleurs,
- Situation de fin de vie,
- Brûlure, blessure,
- Mise bas,
- Difficultés de relations avec certains humains.

Comme l'Homme, l'animal vit généralement dans des environnements stressants. Les bruits de la ville (sirènes, klaxons), de la rue (travaux), ou des appareils électroménagers de nos lieux de vie lui provoquent des tensions.

Comme l'Homme, le système digestif de l'animal peut souffrir de la mauvaise qualité de certains aliments, ou par certains médicaments.

Une séance de Reiki doit généralement durer 30 minutes. L'animal doit pouvoir bouger selon son gré, et vous écouter. Le praticien doit être attentif à l'animal, à son ressenti. Si l'animal est nerveux, on peut commencer en pratiquant un léger massage, et des caresses, pour nouer un contact physique, et créer une relation positive pour les minutes à venir.

Ne craigniez pas que le soin soit trop long, n'ayez pas peur d'épuiser l'animal. Le soin Reiki apporte essentiellement de l'énergie, ainsi il est plutôt à considérer comme étant revigorant. Un soin Reiki ne fatigue pas l'animal outre mesure, pas plus qu'un exercice normal.

Le Reiki est le plus souvent pratiqué sur les animaux domestiques : chiens et chats. Mais il s'applique tout à fait à d'autres animaux, et vous êtes nombreux à le pratiquer sur les chevaux ou les oiseaux. Les petits animaux de ferme se comportent également bien pendant une séance de Reiki.

Tout amateur de Reiki peut se former, et pratiquer le Reiki sur les animaux, voire devenir praticien.

LES BIENFAITS DU REIKI

Voici quelques bienfaits du Reiki, tels qu'observés sur nos amis animaux :

- Équilibre les flux énergétiques du corps,

- Stimule les défenses naturelles et le processus d'auto-guérison,

- Libère des tensions neuro-musculaires,

- Apaise les douleurs, physiques ou émotionnelles,

- Calme et apaise,

- Soulage les effets secondaires d'un traitement,

- Permet de rassurer les animaux craintifs.

COMMENT SE PASSE UNE SÉANCE ?

Nous reviendrons en détail dans le livre sur le déroulé des séances, selon les animaux. Mais voici une première vision de synthèse.

La personne qui réalise le soin prend d'abord le temps de communiquer avec l'animal, de s'installer et de l'installer confortablement, ou de le laisser en mouvement.

Plus l'endroit est familier, plus l'animal pourra se détendre.

Elle canalise ensuite l'énergie, et la distribue par l'intermédiaire de ses mains, à différents endroits, et en lien avec les chakras.

Elle applique différents exercices de libération de l'énergie, selon les maux ou les besoins évoqués par le compagnon ou le propriétaire. Elle peut poser ses mains sur l'animal, ou approcher de quelques centimètres, sans toucher.

Il est aussi possible de réaliser des soins à distance. Comme pour les Hommes, le soin à distance est enseigné au niveau 2 de Reiki Usui.

Le praticien n'agit pas sur l'animal. Il canalise son énergie vitale, et accompagne l'animal pour qu'il recouvre sa vitalité et sa santé. La nuance est d'importance. Le praticien, notamment, ne pose que rarement ses mains de manière prolongée sur l'animal.

Le compagnon humain doit garder à l'esprit que l'animal conserve un degré élevé de contrôle sur son propre processus de guérison, afin de rester un partenaire actif. Le praticien ne pourra pas tout faire à travers le soin. C'est important de le rappeler aux personnes accompagnantes.

Les résultats ne sont pas toujours à attendre immédiatement. Il faut faire confiance à l'Homme, et à l'animal pour se transformer en 24 à 48h. Ne soyez pas trop exigeant avec l'animal, laissez le temps à l'énergie de se diffuser.

PARTIE 2

QUELQUES PRINCIPES DU REIKI

PARTIE 2
QUELQUES PRINCIPES DU REIKI

Avant de plonger dans le monde passionnant du Reiki Animal, il est important de s'assurer que nous avons bien le même niveau d'information et de connaissances sur le Reiki spécifiquement. Certains de ces points sont issus de mon premier livre « Le Manuel du Reiki niveau 1 ».

LE REIKI

En premier lieu, il est important de clarifier quelques points :

- Le Reiki est lié au bouddhisme, et le travail effectué par le praticien est un travail de méditation physique et spirituelle.

- Le Reiki n'est pas une médecine, il ne guérit pas des maladies. Son objectif est de rendre l'esprit heureux et le corps apaisé.

- Le Reiki est une élévation spirituelle et mentale de l'être humain, ou animal.

Le Reiki peut être appris par tout le monde mais nécessite des initiations afin de rouvrir et réanimer les canaux d'énergies en nous, afin de pouvoir alléger ses tensions ou celles d'autrui, dans le but de retrouver un état de bien-être durable. En positionnant les mains sur la personne concernée (ou soi-même) aux endroits qui nécessitent un traitement, on active la transmission d'énergies bienfaisantes du thérapeute vers la personne. Le Reiki est un ensemble de pratiques tournées vers l'énergie, vers l'autre et vers le bonheur.

La personne qui applique le Reiki sur une autre personne est appelée le Maître, le praticien, ou le thérapeute. Elle doit avoir passé au moins les deux premiers « degrés » (aussi appelés « niveaux »). La personne qui transmet le Reiki est l'Enseignant.

L'apprentissage du Reiki est en effet divisé en trois degrés différents :

- Le premier degré, introduit le Reiki et ses méthodes, fournit les leçons de bases pour pratiquer sur les autres et sur soi-même, ainsi que pour bien positionner ses mains.

- Le second degré valorise vos premières compétences pour réaliser des guérisons plus importantes, et pratiquer à distance.

- Le troisième degré, qui est le degré Maître, permet de

pratiquer les symboles les plus avancés.

Nous sommes des êtres d'énergie, et nous nous connectons aux autres individus grâce à cette énergie.

Vos mains seront votre outil principal. Le Reiki peut être réalisé avec ou sans contact physique, mais les mains permettent de diriger l'énergie. Utiliser ses mains permet aussi de sentir concrètement l'énergie.

Pour ce faire, l'énergie s'appuie sur trois facteurs : le « triangle corps », « l'esprit » et « l'émotion ».

- *Le triangle corps* est une symbolique de la guérison. Imaginez un triangle où chaque angle soit un principe. Il y a d'abord un principe passif, représenté par le praticien car il est à disposition du receveur et il pratique des gestes qui lui ont été transmis selon la tradition. Ensuite, il y a un principe neutre représenté par l'énergie du Reiki qui ne s'impose jamais mais aide sans restriction à la guérison. Enfin, il y a un principe actif qui est représenté par le receveur. Même si les deux premiers principes ont une force et une qualité extrême, rien ne fonctionnera si le receveur n'a pas consciemment décidé de retrouver une certaine harmonie. Au final, ce triangle symbolise donc l'harmonie entre ces trois principes qui, ensemble, mènent à la guérison. La conscience est quelque chose de primordial dans un processus de guérison.

- *L'esprit* est le soutien de la conscience des effets du traitement Reiki. La Reikologie s'appuie sur la conscience pour ancrer les améliorations réalisées sur le corps par le travail de l'énergie.

- *L'émotion* a aussi une certaine importance dans le processus de guérison. En effet, un bagage émotionnel fort est constitué d'énergie. Toutes les choses qui nous arrivent dans la vie peuvent former des énergies négatives comme le stress ou la dépression. Le Reiki est alors aussi une manière utile de pouvoir se libérer de ces énergies négatives, de ces toxines.

HISTOIRE DU REIKI

Outre l'origine étymologique, le Reiki fait avant tout partie de l'histoire ancestrale du Japon. Ce sont des enseignements anciens qui auraient pu être oubliés mais qui ont été redécouverts au 19e siècle par Mikao Usui.

Mikao Usui était un homme né dans un village japonais dans le district de Yamagata, au nord de Tokyo. Il a voyagé un peu partout dans le monde lors de sa jeunesse. Mais il était aussi réputé pour être un peu malchanceux et ne renonçait jamais malgré tout. Un jour, il se rendit au Mont Kurama aux alentours de Kyoto afin d'y effectuer une retraite spirituelle et d'y pratiquer le Shyugyo, une sorte de méditation où l'austérité prévaut. À la fin de sa retraite, il fut soudainement en « transe » et eut une révélation de Bouddha. Certains, comme Idriss Lahore, voient même cette transe plus comme une expérience de mort imminente. Cette période de transe, ou de mort imminente, permit à Usui de se rendre compte de sa capacité à pouvoir guérir miraculeusement, tel un messie.

Alors, Mikao Usui décida d'enseigner cette méthode venue des cieux à tout le monde, et devint un guérisseur renommé dans tout le Japon. Ce n'était pas seulement une question de guérir quelqu'un mais aussi de mieux vivre en étant heureux.

Ses théories et techniques vous seront divulguées dans le chapitre suivant.

D'un point de vue historique, l'histoire du Reiki est plutôt récente puisqu'il a été redécouvert au début du 20e siècle. En effet, les premiers écrits sur le sujet datent de 1919 par Mataji Kawakami. Mais ce n'est qu'après 1924 que, grâce aux écrits de Maître Usui et à ses pouvoirs, le Reiki commença à être de plus en plus reconnu.

Grâce à ses enseignements, le Reiki a pu rapidement se développer en occident et des maîtres occidentaux furent formés dès les années 1970. L'introduction du Reiki en Europe se fera à partir des années 2000 par des disciples japonais de Mikao Usui.

PARTIE 3

PRATIQUER LE REIKI ANIMAL

PARTIE 3
PRATIQUER LE REIKI ANIMAL

C'est désormais clair, les animaux, comme les autres êtres vivants, sont constitués d'énergie. Le Reiki animal s'appuiera sur la puissance des chakras, ces centres énergétiques.

Pour travailler l'énergie, le praticien doit faire appel aux méthodes enseignées lors de la formation Reiki niveau 1 ou Reiki niveau 2 (idéalement).

ÉCHANGER AVEC LE COMPAGNON HUMAIN SUR LA PERSONNALITÉ DE L'ANIMAL

Les animaux domestiques ne sont pas toujours faciles à appréhender. Réaliser un soin demande de la patience. Dans les faits, chaque soin est différent pour chaque animal. Pour réussir, il faut adapter ses actions, en fonction de l'humeur de l'animal, et de sa personnalité.

La première chose à faire avant de démarrer est de prendre connaissance de l'animal. Posez quelques questions au maître, comme :

- Quel âge a-t-il ?
- Dans quelle forme est-il /elle ?
- Décrivez-moi sa personnalité ?
- Que dois-je savoir d'autre ?
- A-t-il déjà reçu des soins ?

LA BONNE POSTURE PENDANT LE SOIN

La meilleure posture pour démarrer est de se tenir assis, au centre de la pièce, ou de l'espace où vous vous trouvez avec l'animal. Ainsi, votre énergie pourra circuler autour de vous.

Vous pouvez alors commencer à positionner vos mains, vers l'animal, au plus près de lui, sans forcer pour autant son espace personnel. Certains animaux n'auront aucune difficulté à rester à vos côtés pendant le soin, d'autres ressentiront le besoin de bouger. Ce n'est pas un problème. Ce qui compte, c'est de garder le contact énergétique, et émotionnel avec l'animal pendant la demi-heure de soin.

Pendant toute la durée du soin Reiki, il faut rester attentif aux réactions de l'animal, et être à l'écoute de ses besoins. Communiquez intuitivement avec lui, et écoutez-le. Le soin devra s'adapter à l'animal, et non l'inverse.

Il est réellement important d'être à l'écoute de l'animal. Laissez-le vous indiquer son humeur, ce qu'il souhaite faire ou non. Laissez-le se déplacer, et s'installer où il le souhaite.

Parlez-lui le plus doucement possible, affectueusement, témoignez-lui de l'intérêt. Soyez vraiment dans une posture empathique.

L'animal ne demande qu'à transmettre son amour et à se laisser guide pour le soin, mais il faut rentrer dans une communication bienveillante avec lui.

Si vous transmettez positivement l'énergie, l'animal s'en sentira apaisé, régulé. Il pourra alors retrouver des forces.

À l'inverse, si l'animal n'est pas prêt, et que vous forcez le soin, que vous souhaitez à tout prix travailler son énergie, mais que vous le sentez agité, par exemple, alors l'animal sera irrité et le soin sera contre-productif. Vous risquez de déstabiliser encore plus l'animal.

C'est le risque premier du Reiki Animal : puisque la communication n'est pas aisée et que l'animal ne s'exprime pas clairement dans votre langage, vous risquez de ne pas vous comprendre, et de forcer l'animal. Il s'agit d'une difficulté supplémentaire par rapport au Reiki humain.

LES CHAKRAS DES ANIMAUX

Les chakras sont parfaitement alignés avec la colonne vertébrale, depuis le haut de la tête jusqu'au bout de la queue, si l'animal en dispose.

Je vous rappelle que le mot « Chakra » vient du sanscrit, et signifie « Roue », pour signifier l'énergie qui coule indéfiniment.

Chaque chakra a une fonction particulière. Si l'énergie est bloquée au niveau de l'un de ces chakras, si le flux passe mal, que l'on observe une carence à certains endroits, ou une congestion, alors l'animal risque de se sentir mal, d'être affecté par des douleurs, ou un mal-être. Le plus fréquemment, ce sont des douleurs physiques, et une anxiété ou irritabilité.

Le travail sur l'énergie consiste à bien équilibrer ces centres d'énergie entre eux, à libérer le corps des douleurs. L'objectif est de faire mieux fonctionner le flux d'énergie, et de créer une dynamique positive.

Voici les schémas des principaux animaux que vous pourrez rencontrer en soin Reiki. La méthode de distinction des chakras s'applique aux autres animaux évidemment.

Le dernier schéma, du chien, reprend les flux d'énergie qui peuvent parcourir le corps, pour vous montrer comment le flux énergétique se diffuse. Ainsi, le chakra, comme pour l'Homme, peut être touché par le ventre, ou bien par le dos.

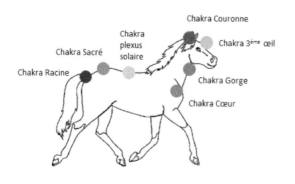

Chakra Couronne

Chakra plexus solaire

Chakra Sacré

Chakra Racine

Chakra 3ème œil

Chakra Gorge

Chakra Cœur

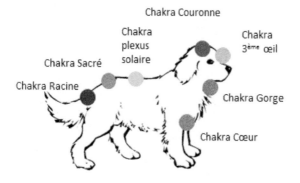

Chakra Couronne

Chakra plexus solaire

Chakra Sacré

Chakra Racine

Chakra 3ème œil

Chakra Gorge

Chakra Cœur

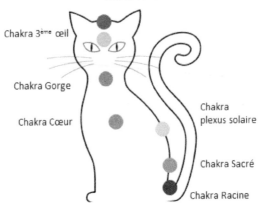

Chakra Couronne

Chakra 3ème œil

Chakra Gorge

Chakra Cœur

Chakra plexus solaire

Chakra Sacré

Chakra Racine

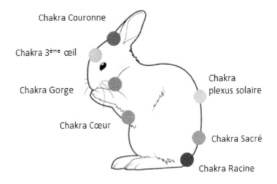

Chakra Couronne

Chakra 3ème œil

Chakra Gorge

Chakra Cœur

Chakra plexus solaire

Chakra Sacré

Chakra Racine

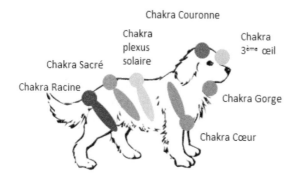

Chakra Couronne

Chakra plexus solaire

Chakra 3ème œil

Chakra Sacré

Chakra Racine

Chakra Gorge

Chakra Cœur

L'AURA

Vous connaissez certainement déjà le concept d'aura, et de champ magnétique. L'animal, comme l'être humain, n'en est pas dépourvu. L'aura, c'est l'espace vital, personnel de l'animal. Pénétrer l'aura, c'est pouvoir communiquer mieux avec l'animal, et ressentir ses pensées, ses émotions, comprendre son humeur et pénétrer ses secrets.

Tous les praticiens ne ressentent par l'aura de la même manière. Certains le

« voient », d'autres le « ressentent »,
d'autres le « sentent ».

Biologiquement, les émotions, les
pensées, se figent dans le flux
énergétique, et viennent marquer
l'énergie du corps, à travers les
cellules.

Le champ magnétique de l'animal
permet au praticien d'entrer en
relation avec lui, et de recueillir des
informations utiles.

Il est fréquent pour le praticien, de
retrouver des éléments émotionnels de
l'animal comme :

- Les émotions présentes,
- Les traumatismes passés,
- Les éléments de mémoire forte,
- Les croyances.

L'aura, pour le praticien qui a
l'habitude de s'y intéresser, est un vrai
guide pour capter les lieux de tensions
énergétiques, et les points de douleur.

Bien sûr, les premières fois, cela n'est pas évident.

Il faut, pour détecter les émotions dans l'aura, pour comprendre dans son ensemble le profil énergétique de l'animal que vous avez devant vous.

Comprendre l'aura de l'animal

Pour percevoir l'aura de l'animal, installez-vous face à lui, et respirez profondément, calmement. Fermez les yeux, et fixez l'animal. En vous concentrant, vous allez voir apparaître l'émanation de l'animal, et l'aura.

Cet exercice demande au début un peu de pratique, c'est normal.

L'aura prend la forme de couleurs, qui se dégagent autour de l'animal, et qui sont différentes selon les individus.

Les profils & couleurs

Au sein de l'aura qui se dégage, les couleurs témoignent des traits de caractère et des forces énergétiques à l'œuvre chez l'animal. Plusieurs ouvrages et études ont été publiés concernant les couleurs de l'aura. On peut se référer notamment aux travaux de Barbara An Brennan.

- *Le rouge* transmet la passion, la générosité et l'énergie,
- *Le brun* traduit la peur, la crainte,
- *L'orange*, couleur du chakra sacré, traduit la sensualité, les émotions,
- *Le jaune* témoigne d'un bel équilibre du corps et de l'âme,
- *Le vert* traduit l'amour inconditionnel, et est très présent chez les animaux,
- *Le bleu* traduit la profondeur d'âme et l'intuition de l'animal,
- *Le violet* témoigne d'une spiritualité élevée, et de compassion,

- *Le blanc*, le vide, traduit la bonne santé et la vitalité,
- *Le noir*, quant à lui, doit vous inquiéter, car il traduit un égoïsme et un danger pour autrui.

Cette analyse de l'aura et des couleurs devrait vous fournir un outil précieux pour analyser l'état physique et mental de l'animal, en complément de vos manipulations énergétiques, et des informations du compagnon humain.

COMMENT L'ANIMAL EN ARRIVE À AVOIR DES PROBLÈMES D'ÉNERGIES ?

Le premier facteur de troubles chez l'animal est son *environnement*. Les animaux sont rapidement contaminés par le bruit, l'environnement agressif, la nourriture de mauvaise qualité, ou le manque d'amour qui peut régner autour d'eux avec les humains.

L'animal est d'abord un être d'amour, cherchant à transmettre et partager cet amour. Les chiens vivent par exemple dans un rapport émotionnel fort avec l'Homme, et sont en paix lorsque l'Homme est témoin d'amour. Les chats, eux, ont de tout temps (depuis l'Égypte ancienne) témoigné de vertus de guérisseurs, entre eux, et auprès des Hommes.

Il suffit pour s'en convaincre d'observer combien chiens et chats sont perdus lorsque leur compagnon humain s'absente, ou est en difficultés physiques.

Le second facteur de troubles chez l'animal est une douleur mentale ou physique. Cette douleur aura des répercussions sur l'état du corps tout entier (corps, esprit et âme) de l'animal. Par conséquent, les flux énergétiques seront perturbés, et circuleront moins efficacement. Ils n'irrigueront plus tout le corps.

Comment déceler les problèmes énergétiques chez l'animal ?

Il y a deux manières de déceler des problèmes énergétiques chez l'animal, en démarrant :

- Si l'animal éprouve des douleurs physiques, alors celles-ci se répercutent certainement dans les flux énergétiques. Il suffira de localiser les douleurs, pour comprendre quels chakras sont bloqués, et quel flux circule mal.

- Si l'environnement de l'animal comporte des risques de nocivités (bruits, atmosphère, tensions...), alors l'animal reflétant son environnement comme un miroir, il y a de fortes chances que celui-ci éprouve des douleurs mentales.

LE PROTOCOLE D'UN SOIN REIKI ANIMAL

Prise de contact

Pour pratiquer les soins, pensez à retirer vos bijoux, montres etc., le métal pourrait nuire à la qualité de la transmission.

Prenez quelques secondes pour respirer, et vous assurer d'être vous-même en phase avec l'énergie. Ancrez-vous bien dans la terre.

Accueillez l'animal, et son propriétaire.

Installez-vous au milieu de la pièce, et posez des questions à l'Homme. L'animal, lui, évolue librement. Demandez-lui quels sont les symptômes, les difficultés, les blessures. Essayez, en quelques minutes, de comprendre le contexte de l'animal, ses besoins, ses douleurs.

Puis, observez l'animal, et entrez tranquillement en contact avec lui. Respectez son espace personnel, et ne le brusquez pas.

Début du soin

Puis, pour démarrer, demandez à l'animal la permission de l'aider, et lui pratiquer un soin Reiki. Prenez votre temps, car l'animal doit réellement, et en conscience accepter le soin.

Et si l'animal n'accepte pas ? Dans ce cas, prenez du recul, et laissez-le aller. Laissez s'écouler une ou deux minutes, puis continuez à lui parler. Proposez-lui de le caresser, de lui apporter de la douceur. S'il est braqué et ne souhaite pas vous laisser entrer en contact, vous pouvez choisir de persister malgré tout, et de tenter de lui transmettre de l'énergie, et de travailler sur son énergie, ou bien reporter à plus tard dans la journée, ou à un autre jour.

Tendez vos mains vers le ciel, pour recueillir son énergie terrestre.

Puis déroulez le soin Reiki, comme vous en avez l'habitude pour un être humain. Mais en particulier, pour un animal :

- Passez vos mains sur chacun des chakras, pour ressentir l'énergie, puisque vous ne savez pas quelles sont les douleurs et les chakras bloqués.

- Observez très attentivement les réactions de l'animal. Ce sont vos seuls guides pour évaluer l'effet produit. Vous pourrez recevoir des informations sous forme d'émotions, d'images, de sensations. Soyez alerte.

- Lorsque l'animal reçoit suffisamment d'énergie sur l'un des chakras, pendant votre soin, il peut s'exprimer en bougeant la tête, ou en marquant un signe de lassitude. Prenez ce signe comme un encouragement à poursuivre, sur un autre chakra.

- Vous pouvez aussi masser l'animal, notamment au niveau et autour du cou.

- Les énergies non désirées sont à évacuer vers la queue de l'animal.

- Sur le chakra cœur, placez une main entre les deux pattes avant, et l'autre main sur le dos, de l'autre côté de l'animal. Travaillez essentiellement les énergies ici, car par expérience, l'animal peut concentrer beaucoup de blocages à cet endroit.

- Vous pouvez pratiquer de même sur chacun des chakras, pour sentir l'énergie qui y figure.

Surveillez en permanence les signes tels que la queue qui remue, une patte qui s'agite excessivement, les oreilles dressées en arrière, les dents qui se découvrent, les poils dressés, les tentatives de fuite sur le côté... si l'animal présente ces signaux, ralentissez, voire arrêtez totalement le soin.

Après le soin

Immédiatement après le soin, il est très important de remercier l'animal. Puis, coupez les liens énergétiques avec lui.

Terminez en lui donnant de l'eau. L'eau permet d'hydrater le corps, et de faire circuler les fluides.

Prenez soin de vous laver les mains.

Clôturez la séance en échangeant avec l'Homme. Expliquez-lui ce que vous avez ressenti, l'état de l'animal, ce qu'il est important de savoir.

Si vous le jugez nécessaire, proposez de planifier un autre rendez-vous.

QUELQUES PRINCIPES À RESPECTER

Voici le code éthique à respecter pour pratiquer des soins Reiki qualitatifs et respectueux sur les animaux :

- Reconnaître tous les animaux comme étant des partenaires égaux à moi-même sur cette Terre, et les traiter ainsi.

- Respecter et honorer la présence du royaume animal.

- Respecter et honorer les enseignements que les animaux me partagent.

- Reconnaître que je suis un simple canal, et non la force qui réside derrière la puissance du Reiki.

- Reconnaître que j'offre aussi de l'amour, et je promets d'être un canal d'amour inconditionnel.

- Prendre soin de ma relation avec les animaux.

- Toujours demander la permission de l'animal avant d'effectuer un soin Reiki.

- Observer le langage corporel, et écouter les messages qu'il m'adresse.

- Demeurer neutre pendant le soin.

- Rendre grâce, et accepter le résultat du soin Reiki.

L'animal, quant à lui, devra, par l'intermédiaire de son compagnon humain, respecter ces principes :

- Je promets de prendre soin de moi-même, de bien me nourrir, de m'aimer et m'honorer, de lâcher prise, de me soigner, d'entretenir une perception juste du monde extérieur, et de libérer mes émotions, pensées et croyances négatives, qui entravent mon épanouissement personnel, intuitif et spirituel.

PARTIE 4

SOINS CONCRETS ET SITUATIONS PARTICULIÈRES

PARTIE 4
SOINS CONCRETS ET
SITUATIONS PARTICULIÈRES

LES SOINS POUR LES CHIENS ANXIEUX

L'anxiété chez le chien, est un état émotionnel qui met mal à l'aise, qui rend le chien malheureux et terne.

Le premier critère de réussite d'une séance Reiki auprès d'un chien anxieux est la capacité du chien a accepté ce traitement. Car le travail sur les flux doit avoir un impact fort sur ses émotions et sa psychologie. Et pour cela, une acceptation est nécessaire.

Le traitement d'autres pathologies peut se faire même si l'acceptation de l'animal n'est pas entière (par exemple pour le traitement d'une blessure, ou de chakras bloqués). Pour l'anxiété ou une difficulté émotionnelle, l'acceptation doit être totale.

LE REIKI AVEC LES CHEVAUX

Dans le monde de l'équitation, les chevaux sont souvent sous pression, pour gagner en rapidité, en souplesse et en beauté du geste. Le Reiki intervient généralement pour apaiser l'animal, pour le libérer de ce stress parfois compétitif.

Le cheval est un animal sensible, plus sensible que la moyenne, ce qui le rend réceptif aux soins. Le mieux est de réaliser le soin sur son lieu de vie, et donc de vous déplacer. Le cheval se sentira beaucoup mieux.

Rendre l'animal sain et éliminer les toxines

Pour améliorer la santé de l'animal, un travail Reiki peut être réalisé sur sa nourriture. L'objectif du travail sera de modifier la fréquence énergétique de la nourriture. Cela peut paraître abscons, mais la nourriture est un organisme vivant. Les énergies peuvent avoir prise sur cette nourriture.

L'objectif sera de neutraliser les toxines des aliments.

Pour cela, prenez sur vos genoux la coupelle de l'animal, et apposez vos mains dessus. Convoquez les énergies pour transformer le « taux vibratoire » de l'énergie, c'est-à-dire sa fréquence énergétique.

Dans votre corps, le chakra coronal prend la charge de purification. Vous devez donc inviter l'énergie provenant de ce chakra, à venir pénétrer vos mains, puis à être transmise vers les aliments. Dans les faits, transmettez doucement cette énergie, et sentez-là parcourir votre corps, puis vos bras, puis vos mains, pour ensuite la transmettre.

Vous pouvez ensuite rendre grâce à l'Univers pour cette transmission, et servir la coupelle à l'animal. Sa nourriture est purifiée, et rendue en force énergétique.

COMMENT ADAPTER LE SOIN REIKI À L'APPROCHE DE LA MORT

La mort d'un animal, d'un être cher donc, est une souffrance pour nous tous.

Dans ces moments, avant, comme après, le Reiki peut être utilisé pour apaiser les tensions qui règnent dans les organismes. Avant la disparition terrestre, et auprès de l'animal, le Reiki pourra vous apporter.

Le praticien peut commencer par pratiquer des soins à distance. L'impact de ces soins sera éventuellement moins fort sur l'organisme de l'animal, et cela pourra l'aider à retrouver des forces calmement. Le soin à distance peut être répété plusieurs fois.

Ensuite, vous pourrez passer à un soin physique. Le praticien devra faire preuve de beaucoup de bon sens, et d'intuition, pour ressentir les douleurs et émotions de l'animal. Vous devrez transmettre à l'animal suffisamment d'énergie pour qu'il puise se sentir la force d'avancer doucement vers sa transition céleste.

Si l'animal éprouve une douleur particulière, physique, et qui est l'objet de sa maladie, vos soins pourront se concentrer sur cet endroit, pour vous assurer de l'apaiser.

Lorsque vous estimez que l'animal a reçu de l'énergie en quantité importante, vous pouvez couper les liens énergétiques qui vous liaient à l'animal. Buvez ensuite chacun de l'eau, pour irriguer vos organismes.

LE REIKI ANIMAL À DISTANCE

Plusieurs raisons peuvent vous amener à devoir réaliser un soin à distance :

- L'état de l'animal, et les dangers possibles pour vous,

- La distance incompressible qui vous sépare de l'animal,

- Le souhait de son compagnon de commencer par un soin à distance, pour préserver l'animal des difficultés éventuelles.

Le soin à distance doit être réalisé depuis un endroit où vous pourrez être au calme. Vous devrez pouvoir vous tenir debout, ou bien vous asseoir.

Lorsque vous êtes bien installé, vous pouvez dérouler le soin Reiki à distance. Il est évidemment préférable d'avoir suivi la formation Reiki de niveau 2, où le soin à distance est présenté, pour réaliser un soin reiki animal à distance.

Commencez par émettre votre intention de soin auprès de l'animal. Vous aurez pris soin d'avoir un échange téléphonique avant, ou la veille, avec le compagnon de l'animal, pour qu'il ou elle vous présente ses difficultés, les blessures de l'animal, et ses troubles du comportement.

Ensuite, demandez à l'animal la permission de lui faire un soin Reiki.

Soyez attentif à votre intuition de réponse. Prenez le temps de réfléchir à l'intention que vous souhaitez partager avec l'animal. Que souhaitez-vous travailler, et que souhaitez-vous soigner, ensemble ?

Seul dans la pièce, accueillez l'énergie Reiki en élevant les mains vers le ciel. Puis imaginez l'énergie Reiki vous parcourir, et représentez-vous mentalement en train de transmettre cette énergie à l'animal.

L'énergie part du centre de vos mains, et est transportée jusqu'à l'animal. Concentrez-vous sur l'énergie, sur le souffle de votre corps et comment vous pouvez communiquer avec l'animal.

Certains praticiens aiment parler à l'animal à ce moment. Ils lui transmettent des mots positifs, valorisants, qui libèrent.

Vous pouvez également former des gestes avec vos mains, qui s'apparentent à une manipulation des énergies à distance. Faites comme une simulation d'un soin Reiki que vous réaliseriez en présentiel.

Parcourez mentalement chaque partie du corps de l'animal, chaque chakra, et suivez le fil conducteur de l'énergie, le flux, de bas en haut.

Lorsque vous sentez que l'animal a été touché par ce soin, rompez le lien énergétique, et arrêtez le soin. Remerciez toujours l'animal de vous avoir laissé lui offrir un soin, puis buvez de l'eau.

Un soin Reiki à distance avec un animal égaré

Les compagnons ayant perdu un animal sont généralement pris d'un grand désarroi. Avis de recherche, enquête dans le quartier, promenades élargies... tous les moyens sont bons pour retrouver son animal.

Confrontés à ces situations, vous pouvez aussi travailler avec l'énergie Reiki. Le soin Reiki sera similaire à un soin à distance, comme expliqué précédemment, mais l'objectif sera de rassurer et protéger l'animal.

Votre chance dans ce cas, c'est que vous connaissez la douleur ou la tristesse de l'animal : il est égaré. Vous pourrez donc vous concentrer sur ce point, et faire en sorte que l'énergie qui sort de vos mains aille irriguer l'air des environs, et puisse toucher l'animal.

Ici, travailler votre intuition et vous appuyer sur les émotions de l'animal est encore plus important que d'habitude, car vous ne savez pas où est l'animal. Lors d'un soin à distance, vous savez où l'animal est situé, pas lors d'un soin pour un animal égaré.

LE SOIN REIKI POUR UN ANIMAL ABANDONNÉ OU NÉGLIGÉ

Certaines personnes pourraient venir vous voir après avoir récupéré un animal abandonné, ou négligé.

Dans ces situations, la force du Reiki trouve tout son rôle de protection. La difficulté ici est d'évaluer depuis combien de temps l'animal a été négligé. Si l'abandon est récent, l'animal sera certainement perdu, désarçonné. Si la négligence est lointaine, l'animal devrait exprimer une grande tristesse, un sentiment de mal-être, voire une dépression. Ceux-ci n'ont généralement plus confiance en l'homme.

En tant que praticien, vous devez savoir que ces animaux peuvent aussi être dangereux à votre égard. Vous devez impérativement vous protéger, et notamment :

- Ne pas réaliser de gestes brusques,

- Vous tenir à distance d'au moins 1 mètre au démarrage,

- Parler doucement et lentement.

Demander la permission à l'animal est évidemment un prérequis indispensable avant de réaliser le soin.

Le Reiki intervient ici pour une douleur mentale, émotionnelle. L'objectif sera de redonner l'énergie à l'animal pour retrouver confiance vis-à-vis de l'homme.

Vous remarquerez certainement que l'animal fait preuve d'une grande tension, et est raide comme un I.

L'énergie circule généralement très mal chez ces sujets.

LE SOIN REIKI AVEC LES ANIMAUX SAUVAGES

Il est tout à fait possible de pratiquer un soin Reiki à un animal sauvage, peu habitué à l'Homme. En revanche, gardez à l'esprit que ces animaux n'ont pas les mêmes comportements qu'un animal domestiqué.

La première précaution est de privilégier un soin à distance, à quelques mètres de lui.

La seconde précaution est d'être très attentif à son comportement, et son énergie.

L'animal peut avoir tendance à se rapprocher de vous, ressentant une présence et un travail énergétique. Appliquez les mêmes principes pour démarrer, réaliser, et clôturer le soin.

Généralement, lorsque l'animal se rapproche sereinement, tranquillement, cela signifie qu'il est prêt à accepter le soin.

L'EAU ET LE REIKI

Le corps humain est majoritairement composé d'eau. L'eau fait partie intégrante de notre quotidien. Et l'eau est porteuse de vibration, d'énergie.

Ainsi, l'eau est un ingrédient formidable pour les soins Reiki. Nos vies souvent urbaines ont pu dégrader la qualité de l'eau que nous consommons, à force de normes, et d'un environnement qui peut être nocif. Les animaux le ressentent aussi, car nous leur donnons généralement à boire l'eau du robinet.

Comme vu précédemment, pour la nourriture des animaux, vous pouvez transformer le taux vibratoire de l'eau que vous donnez aux animaux. L'eau concernée peut être l'eau à boire, l'eau du bain, ou l'eau utilisée pour laver un animal (vache, cheval...).

Vous allez donc modifier la fréquence énergétique de l'eau. Vous le savez, dans votre corps, le chakra coronal prend la charge de purification. Vous devez donc inviter l'énergie provenant de ce chakra, à pénétrer vos mains, puis à être transmise vers l'eau du bain ou de la coupelle à boire.

Les mains tendues au-dessus du bain, invoquez l'énergie divine. Demandez la purification et la transformation énergétique de cette eau. Laissez descendre l'énergie par vos mains, depuis le chakra coronal.

Vous pouvez ensuite rendre grâce à l'Univers pour cette transmission, et servir la coupelle à l'animal. Sa nourriture est purifiée, et rendue en force énergétique.

PARTIE 5

OUTILS COMPLÉMENTAIRES POUR LE REIKI ANIMAL

PARTIE 5
OUTILS COMPLÉMENTAIRES POUR LE REIKI ANIMAL

Dans le but d'améliorer votre pratique du Reiki animal, vous pouvez vous appuyer sur des outils complémentaires, moins évidents de prime abord, mais qui peuvent s'avérer très utiles au profit des animaux.

UTILISER UN PENDULE

L'usage d'un pendule permet d'évaluer la force d'énergie de chaque chakra. Si le pendule répond lorsqu'il est positionné au-dessus du chakra, alors le chakra donne des signes de réaction à l'énergie.

Si le chakra fonctionne bien, le pendule tournera sur lui-même, dans le sens des aiguilles d'une montre, à un rythme assez soutenu. En revanche, si le chakra a un déficit de fonctionnement, alors le pendule tournera à une vitesse très lente, voire tournera à l'inverse du sens des aiguilles d'une montre.

Vous pouvez par exemple tout à fait commencer la séance en faisant passer le pendule sur chacun des 7 chakras de l'animal venu vous voir. Le pendule est un outil d'identification des zones brisées, et du déficit de fonctionnement de l'énergie.

Je vous recommande d'utiliser un pendule égyptien, à des prix raisonnables. Un pendule en cristal de roche est également l'outil passe-partout et facile à entretenir, puis à purifier et recharger.

UTILISER DES PIERRES ET CRISTAUX

Chez l'animal, tout comme chez l'Homme, les pierres ont une action valorisante sur les centres énergétiques et les différents corps, et la lithothérapie peut être largement utilisée. Les animaux disposent de 3 corps ou enveloppes énergétiques : un physique, un éthérique ou vital et un corps émotionnel. Les chiens, chats, chevaux, singes parmi les animaux les plus évolués savent développer un quatrième corps, le corps mental.

Les cristaux et les pierres issus de la Nature ont des effets très positifs sur l'animal. L'animal, lui-même, être naturel, a une intuition particulière pour ressentir les bienfaits des cristaux.

Les Pierres que l'on peut utiliser sont entourées d'un champ éthérique. Les champs énergétiques de l'animal et de la Pierre vont résonner sur la même fréquence, ainsi les mécanismes de transformation, de libération, de rééquilibrage vont se mettre en œuvre.

Avec des Pierres de qualité hautement vibratoire, vous constaterez les effets bénéfiques chez les animaux.

Pour démarrer le soin avec une pierre, tenez vous-même la Pierre dans vos mains et apposez-là sur lui si une zone est particulièrement concernée ou bien tenez-là à quelques centimètres et laissez-vous laisser guider. Dans tous les cas, le Cristal entre en résonance avec l'animal. L'animal vous aidera à trouver le bon tempo.

Il existe plusieurs pierres que vous pouvez utiliser et qui s'adaptent particulièrement bien aux animaux. En voici quelques-unes :

- *Agate* : L'énergie puissante et douce des agates peut ouvrir les canaux de communication entre vous et votre animal, équilibrer son énergie et calmer son anxiété.

- *Calcite bleue* : une pierre à utiliser sur les animaux nerveux.

- *Ambre* : pierre de guérison par excellence.

- *Aventurine verte* : très efficace sur les chiens, pour donner de l'énergie et calmer la tristesse.

- *Malachite* : utilisée pour calmer les troubles alimentaires, à ne pas lécher.

- *Jade* : utilisée pour les animaux en fin de vie, le Jade apaise les douleurs et accompagne sereinement.

- *Citrine* : cette pierre est utilisée pour rassurer un animal et calmer une éventuelle dépression.

- *Jaspe* : très adaptée pour apprivoiser le changement, un

nouveau lieu, un nouvel environnement.

Si vous disposez de plusieurs pierres, vous pourrez souvent constater que l'animal se dirigera d'emblée vers celle qui le concerne, qui lui apporte sérénité.

Si vous souhaitez aller plus loin, je vous recommanderais de vous tourner vers un livre dédié au sujet.

Copyright Olivier Remole
Mars 2020
ISBN : 9798618614948

Printed in Great Britain
by Amazon

46082926R10050